Dieses Buch gehört:

COPYRIGHT @ STYLESYNDIK
ALLE RECHTE VORBEHALTEN.

Standort: _____   **DATUM:** _____

WETTER:

HEUTE ERLEBT: _____

HEUTE GESEHEN: _____

HEUTE GEGESSEN: _____

HEUTE GELERNT: _____

Zeichne, was Du gesehen hast:

SO WAR MEIN TAG:

LIEBLINGSERINNERUNG HEUTE:

DAFÜR BIN ICH DANKBAR:

Standort:

DATUM:

WETTER:

HEUTE ERLEBT:

HEUTE GESEHEN:

HEUTE GEGESSEN:

HEUTE GELERNT:

Zeichne, was Du gesehen hast:

SO WAR MEIN TAG:

LIEBLINGSERINNERUNG HEUTE:

DAFÜR BIN ICH DANKBAR:

Standort:

DATUM:

WETTER:

HEUTE ERLEBT:

HEUTE GESEHEN:

HEUTE GEGESSEN:

HEUTE GELERNT:

Zeichne, was Du gesehen hast:

SO WAR MEIN TAG:

LIEBLINGSERINNERUNG HEUTE:

DAFÜR BIN ICH DANKBAR:

Standort: _____   DATUM: _____

WETTER:

HEUTE ERLEBT: _____

HEUTE GESEHEN: _____

HEUTE GEGESSEN: _____

HEUTE GELERNT: _____

Zeichne, was Du gesehen hast:

SO WAR MEIN TAG:

LIEBLINGSERINNERUNG HEUTE: _____

DAFÜR BIN ICH DANKBAR: _____

Standort: _____ **DATUM:** _____

_____ **WETTER:**

HEUTE ERLEBT: _____

HEUTE GESEHEN: _____

HEUTE GEGESSEN: _____

HEUTE GELERNT: _____

Zeichne, was Du gesehen hast:

SO WAR MEIN TAG:

LIEBLINGSERINNERUNG HEUTE: _____

DAFÜR BIN ICH DANKBAR: _____

Standort: _____ **Datum:** _____

Wetter:

Heute erlebt: _____

Heute gesehen: _____

Heute gegessen: _____

Heute gelernt: _____

Zeichne, was Du gesehen hast:

SO WAR MEIN TAG:

LIEBLINGSERINNERUNG HEUTE:

DAFÜR BIN ICH DANKBAR:

Standort: _____ DATUM: _____

_____ WETTER: ☀️ 🌤️ ☁️ 🌧️

HEUTE ERLEBT:

HEUTE GESEHEN:

HEUTE GEGESSEN:

HEUTE GELERNT:

Zeichne, was Du gesehen hast:

SO WAR MEIN TAG:

LIEBLINGSERINNERUNG HEUTE:

DAFÜR BIN ICH DANKBAR:

Standort: _____

DATUM: _____

WETTER: ☀️ ⛅ ☁️ 🌧️

HEUTE ERLEBT: _____

HEUTE GESEHEN: _____

HEUTE GEGESSEN: _____

HEUTE GELERNT: _____

Zeichne, was Du gesehen hast:

SO WAR MEIN TAG:

LIEBLINGSERINNERUNG HEUTE:

DAFÜR BIN ICH DANKBAR:

Standort: _____ DATUM: _____

_____ WETTER:

HEUTE ERLEBT: _____

HEUTE GESEHEN: _____

HEUTE GEGESSEN: _____

HEUTE GELERNT: _____

Zeichne, was Du gesehen hast:

SO WAR MEIN TAG:

LIEBLINGSERINNERUNG HEUTE:

DAFÜR BIN ICH DANKBAR:

Standort: _____

DATUM: _____

WETTER: ☀ ⛅ ☁ 🌧

HEUTE ERLEBT: _____

HEUTE GESEHEN: _____

HEUTE GEGESSEN: _____

HEUTE GELERNT: _____

Zeichne, was Du gesehen hast:

SO WAR MEIN TAG:

LIEBLINGSERINNERUNG HEUTE: _____

DAFÜR BIN ICH DANKBAR: _____

Standort:

DATUM:

WETTER:

HEUTE ERLEBT:

HEUTE GESEHEN:

HEUTE GEGESSEN:

HEUTE GELERNT:

Zeichne, was Du gesehen hast:

SO WAR MEIN TAG:

LIEBLINGSERINNERUNG HEUTE:

DAFÜR BIN ICH DANKBAR:

Standort:

DATUM:

WETTER:

HEUTE ERLEBT:

HEUTE GESEHEN:

HEUTE GEGESSEN:

HEUTE GELERNT:

Zeichne, was Du gesehen hast:

SO WAR MEIN TAG:

LIEBLINGSERINNERUNG HEUTE:

DAFÜR BIN ICH DANKBAR:

Standort:

DATUM:

WETTER:

HEUTE ERLEBT:

HEUTE GESEHEN:

HEUTE GEGESSEN:

HEUTE GELERNT:

Zeichne, was Du gesehen hast:

SO WAR MEIN TAG:

LIEBLINGSERINNERUNG HEUTE: _____

DAFÜR BIN ICH DANKBAR: _____

Standort: _____

DATUM: _____

WETTER: ☀️ ⛅ ☁️ 🌧️

HEUTE ERLEBT: _____

HEUTE GESEHEN: _____

HEUTE GEGESSEN: _____

HEUTE GELERNT: _____

Zeichne, was Du gesehen hast:

SO WAR MEIN TAG:

LIEBLINGSERINNERUNG HEUTE:

DAFÜR BIN ICH DANKBAR:

Standort: _____

DATUM: _____

WETTER:

HEUTE ERLEBT: _____

HEUTE GESEHEN: _____

HEUTE GEGESSEN: _____

HEUTE GELERNT: _____

Zeichne, was Du gesehen hast:

SO WAR MEIN TAG:

LIEBLINGSERINNERUNG HEUTE:

DAFÜR BIN ICH DANKBAR:

Standort: _____

DATUM: _____

WETTER: ☀️ ⛅ ☁️ 🌧️

HEUTE ERLEBT:

HEUTE GESEHEN:

HEUTE GEGESSEN:

HEUTE GELERNT:

Zeichne, was Du gesehen hast:

SO WAR MEIN TAG:

LIEBLINGSERINNERUNG HEUTE: _____

DAFÜR BIN ICH DANKBAR: _____

Standort: _____ DATUM: _____

_____ WETTER: ☀️ 🌤️ ☁️ 🌧️

HEUTE ERLEBT:

HEUTE GESEHEN:

HEUTE GEGESSEN:

HEUTE GELERNT:

Zeichne, was Du gesehen hast:

SO WAR MEIN TAG:

LIEBLINGSERINNERUNG HEUTE:

DAFÜR BIN ICH DANKBAR:

Standort: _____ DATUM: _____

WETTER:

HEUTE ERLEBT: _____

HEUTE GESEHEN: _____

HEUTE GEGESSEN: _____

HEUTE GELERNT: _____

Zeichne, was Du gesehen hast:

SO WAR MEIN TAG: 😎 😃 🙂 😐 😣

LIEBLINGSERINNERUNG HEUTE:

DAFÜR BIN ICH DANKBAR:

Standort: _____   DATUM: _____

WETTER: ☀️ 🌤️ ☁️ 🌧️

HEUTE ERLEBT: _____

HEUTE GESEHEN: _____

HEUTE GEGESSEN: _____

HEUTE GELERNT: _____

Zeichne, was Du gesehen hast:

SO WAR MEIN TAG: 😆 😊 🙂 😐 😣

LIEBLINGSERINNERUNG HEUTE:

DAFÜR BIN ICH DANKBAR:

Standort: _____

DATUM: _____

WETTER:

HEUTE ERLEBT: _____

HEUTE GESEHEN: _____

HEUTE GEGESSEN: _____

HEUTE GELERNT: _____

Zeichne, was Du gesehen hast:

SO WAR MEIN TAG: 😎 😃 🙂 😐 😣

LIEBLINGSERINNERUNG HEUTE:

DAFÜR BIN ICH DANKBAR:

Standort: _____   DATUM: _____

_____   WETTER: ☀ ⛅ ☁ 🌧

HEUTE ERLEBT:

HEUTE GESEHEN:

HEUTE GEGESSEN:

HEUTE GELERNT:

Zeichne, was Du gesehen hast:

SO WAR MEIN TAG: 😎 😃 🙂 😐 😖

LIEBLINGSERINNERUNG HEUTE:

DAFÜR BIN ICH DANKBAR:

Standort: _____ DATUM: _____

WETTER:

HEUTE ERLEBT:

HEUTE GESEHEN:

HEUTE GEGESSEN:

HEUTE GELERNT:

Zeichne, was Du gesehen hast:

SO WAR MEIN TAG: 😎 😊 🙂 😐 ☹️

LIEBLINGSERINNERUNG HEUTE:

DAFÜR BIN ICH DANKBAR:

Standort: _____

Datum: _____

Wetter: ☀️ ⛅ ☁️ 🌧️

HEUTE ERLEBT:
_____
_____
_____
_____

HEUTE GESEHEN:
_____
_____
_____

HEUTE GEGESSEN:
_____
_____
_____

HEUTE GELERNT:
_____
_____
_____
_____
_____

Zeichne, was Du gesehen hast:

SO WAR MEIN TAG: 😎 😃 🙂 😐 ☹️

LIEBLINGSERINNERUNG HEUTE:

DAFÜR BIN ICH DANKBAR:

Standort: ....

Datum: ....

Wetter: ☀️ ⛅ ☁️ 🌧️

HEUTE ERLEBT: ....

HEUTE GESEHEN: ....

HEUTE GEGESSEN: ....

HEUTE GELERNT: ....

Zeichne, was Du gesehen hast:

SO WAR MEIN TAG:

LIEBLINGSERINNERUNG HEUTE:

DAFÜR BIN ICH DANKBAR:

Standort: _____
_____

DATUM: _____

WETTER:

HEUTE ERLEBT: _____
_____
_____
_____
_____

- - - - - - - - - - - - - - - - - - - -

HEUTE GESEHEN: _____
_____
_____
_____

- - - - - - - - - - - - - - - - - - - -

HEUTE GEGESSEN: _____
_____
_____
_____

- - - - - - - - - - - - - - - - - - - -

HEUTE GELERNT: _____
_____
_____
_____
_____

Zeichne, was Du gesehen hast:

SO WAR MEIN TAG:

LIEBLINGSERINNERUNG HEUTE:

DAFÜR BIN ICH DANKBAR:

Standort: _____   DATUM: _____

                                    WETTER:

HEUTE ERLEBT: _____

HEUTE GESEHEN: _____

HEUTE GEGESSEN: _____

HEUTE GELERNT: _____

Zeichne, was Du gesehen hast:

SO WAR MEIN TAG: 😵 😃 🙂 😐 😣

LIEBLINGSERINNERUNG HEUTE:

DAFÜR BIN ICH DANKBAR:

Standort: _____

DATUM: _____

WETTER:

HEUTE ERLEBT:

HEUTE GESEHEN:

HEUTE GEGESSEN:

HEUTE GELERNT:

Zeichne, was Du gesehen hast:

SO WAR MEIN TAG:

LIEBLINGSERINNERUNG HEUTE:

DAFÜR BIN ICH DANKBAR:

Standort: _____ **DATUM:** _____

WETTER:

HEUTE ERLEBT:
_____
_____
_____
_____
_____

HEUTE GESEHEN:
_____
_____
_____
_____

HEUTE GEGESSEN:
_____
_____
_____
_____

HEUTE GELERNT:
_____
_____
_____
_____
_____

Zeichne, was Du gesehen hast:

SO WAR MEIN TAG:

LIEBLINGSERINNERUNG HEUTE:

DAFÜR BIN ICH DANKBAR:

Standort: _____   DATUM: _____

                                     WETTER: ☀️ ⛅ ☁️ 🌧️

HEUTE ERLEBT:

HEUTE GESEHEN:

HEUTE GEGESSEN:

HEUTE GELERNT:

Zeichne, was Du gesehen hast:

SO WAR MEIN TAG: 😎 😃 🙂 😕 😵

LIEBLINGSERINNERUNG HEUTE:

DAFÜR BIN ICH DANKBAR:

Standort: _____

Datum: _____

Wetter: ☀️ ⛅ ☁️ 🌧️

HEUTE ERLEBT: _____
_____
_____
_____
_____

HEUTE GESEHEN: _____
_____
_____
_____

HEUTE GEGESSEN: _____
_____
_____
_____

HEUTE GELERNT: _____
_____
_____
_____
_____

Zeichne, was Du gesehen hast:

SO WAR MEIN TAG: 😵 😃 🙂 😐 😖

LIEBLINGSERINNERUNG HEUTE:

DAFÜR BIN ICH DANKBAR:

Standort:

DATUM:

WETTER:

HEUTE ERLEBT:

HEUTE GESEHEN:

HEUTE GEGESSEN:

HEUTE GELERNT:

Zeichne, was Du gesehen hast:

SO WAR MEIN TAG: 😎 😀 🙂 😐 😣

LIEBLINGSERINNERUNG HEUTE:

DAFÜR BIN ICH DANKBAR:

Standort: _____

DATUM: _____

WETTER:

HEUTE ERLEBT: _____

HEUTE GESEHEN: _____

HEUTE GEGESSEN: _____

HEUTE GELERNT: _____

Zeichne, was Du gesehen hast:

SO WAR MEIN TAG:

LIEBLINGSERINNERUNG HEUTE:

DAFÜR BIN ICH DANKBAR:

Standort: _____

Datum: _____

Wetter: ☀️ ⛅ ☁️ 🌧️

HEUTE ERLEBT: _____
_____
_____
_____
_____

HEUTE GESEHEN: _____
_____
_____

HEUTE GEGESSEN: _____
_____
_____

HEUTE GELERNT: _____
_____
_____
_____
_____

Zeichne, was Du gesehen hast:

SO WAR MEIN TAG: 😎 😃 🙂 😐 😣

LIEBLINGSERINNERUNG HEUTE: _____

DAFÜR BIN ICH DANKBAR: _____

Standort: _____ **DATUM:** _____

WETTER: ☀️ ⛅ ☁️ 🌧️

HEUTE ERLEBT: _____

HEUTE GESEHEN: _____

HEUTE GEGESSEN: _____

HEUTE GELERNT: _____

Zeichne, was Du gesehen hast:

SO WAR MEIN TAG: 😆 😃 🙂 😐 😣

LIEBLINGSERINNERUNG HEUTE:

DAFÜR BIN ICH DANKBAR:

Standort: _____ **DATUM:** _____

_____ **WETTER:** ☀ ⛅ ☁ 🌧

HEUTE ERLEBT: _____

HEUTE GESEHEN: _____

HEUTE GEGESSEN: _____

HEUTE GELERNT: _____

Zeichne, was Du gesehen hast:

SO WAR MEIN TAG: 😆 😃 🙂 😐 ☹️

LIEBLINGSERINNERUNG HEUTE:

DAFÜR BIN ICH DANKBAR:

Standort: _____

Datum: _____

Wetter: _____

HEUTE ERLEBT:
_____
_____
_____
_____
_____

HEUTE GESEHEN:
_____
_____
_____
_____

HEUTE GEGESSEN:
_____
_____
_____
_____

HEUTE GELERNT:
_____
_____
_____
_____
_____

Zeichne, was Du gesehen hast:

SO WAR MEIN TAG: 😎 😃 🙂 😐 😣

LIEBLINGSERINNERUNG HEUTE:

DAFÜR BIN ICH DANKBAR:

Standort: _____ **DATUM:** _____

WETTER: ☀️ ⛅ ☁️ 🌧️

HEUTE ERLEBT: _____

HEUTE GESEHEN: _____

HEUTE GEGESSEN: _____

HEUTE GELERNT: _____

Zeichne, was Du gesehen hast:

SO WAR MEIN TAG: 😎 😀 🙂 😐 😞

LIEBLINGSERINNERUNG HEUTE: _____

DAFÜR BIN ICH DANKBAR: _____

Standort: _____ **DATUM:** _____

_____ **WETTER:** ☀️ ⛅ ☁️ 🌧️

HEUTE ERLEBT: _____

HEUTE GESEHEN: _____

HEUTE GEGESSEN: _____

HEUTE GELERNT: _____

Zeichne, was Du gesehen hast:

SO WAR MEIN TAG:

LIEBLINGSERINNERUNG HEUTE:

DAFÜR BIN ICH DANKBAR:

Standort: _____ DATUM: _____

WETTER: ☀ ⛅ ☁ 🌧

HEUTE ERLEBT: _____

HEUTE GESEHEN: _____

HEUTE GEGESSEN: _____

HEUTE GELERNT: _____

Zeichne, was Du gesehen hast:

SO WAR MEIN TAG:

LIEBLINGSERINNERUNG HEUTE:

DAFÜR BIN ICH DANKBAR:

Standort: _____

Datum: _____

Wetter: _____

HEUTE ERLEBT: _____

HEUTE GESEHEN: _____

HEUTE GEGESSEN: _____

HEUTE GELERNT: _____

Zeichne, was Du gesehen hast:

SO WAR MEIN TAG: 😎 😃 🙂 😐 😣

LIEBLINGSERINNERUNG HEUTE:

DAFÜR BIN ICH DANKBAR:

Standort:

DATUM:

WETTER:

HEUTE ERLEBT:

HEUTE GESEHEN:

HEUTE GEGESSEN:

HEUTE GELERNT:

Zeichne, was Du gesehen hast:

SO WAR MEIN TAG:

LIEBLINGSERINNERUNG HEUTE:

DAFÜR BIN ICH DANKBAR:

Standort: _____ **DATUM:** _____

WETTER:

HEUTE ERLEBT: _____

HEUTE GESEHEN: _____

HEUTE GEGESSEN: _____

HEUTE GELERNT: _____

Zeichne, was Du gesehen hast:

SO WAR MEIN TAG:

LIEBLINGSERINNERUNG HEUTE:

DAFÜR BIN ICH DANKBAR:

Standort:

DATUM:

WETTER:

HEUTE ERLEBT:

HEUTE GESEHEN:

HEUTE GEGESSEN:

HEUTE GELERNT:

Zeichne, was Du gesehen hast:

SO WAR MEIN TAG: 😆 😀 🙂 😐 😞

LIEBLINGSERINNERUNG HEUTE:

DAFÜR BIN ICH DANKBAR:

Standort: _____ **DATUM:** _____

_____ **WETTER:**

HEUTE ERLEBT:

HEUTE GESEHEN:

HEUTE GEGESSEN:

HEUTE GELERNT:

Zeichne, was Du gesehen hast:

SO WAR MEIN TAG: 😜 😃 🙂 😕 😣

LIEBLINGSERINNERUNG HEUTE:

DAFÜR BIN ICH DANKBAR:

Standort: _____ DATUM: _____

_____ WETTER: ☀️ ⛅ ☁️ 🌧️

HEUTE ERLEBT: _____

HEUTE GESEHEN: _____

HEUTE GEGESSEN: _____

HEUTE GELERNT: _____

Zeichne, was Du gesehen hast:

SO WAR MEIN TAG:

LIEBLINGSERINNERUNG HEUTE:

DAFÜR BIN ICH DANKBAR:

Standort:

DATUM:

WETTER:

HEUTE ERLEBT:

HEUTE GESEHEN:

HEUTE GEGESSEN:

HEUTE GELERNT:

Zeichne, was Du gesehen hast:

SO WAR MEIN TAG:

LIEBLINGSERINNERUNG HEUTE:

DAFÜR BIN ICH DANKBAR:

Standort: _____   **DATUM:** _____

WETTER:

HEUTE ERLEBT: _____

HEUTE GESEHEN: _____

HEUTE GEGESSEN: _____

HEUTE GELERNT: _____

Zeichne, was Du gesehen hast:

SO WAR MEIN TAG: 😵 😃 🙂 😐 😣

LIEBLINGSERINNERUNG HEUTE:

DAFÜR BIN ICH DANKBAR:

Standort: DATUM:

WETTER:

HEUTE ERLEBT:

HEUTE GESEHEN:

HEUTE GEGESSEN:

HEUTE GELERNT:

Zeichne, was Du gesehen hast:

SO WAR MEIN TAG:

LIEBLINGSERINNERUNG HEUTE:

DAFÜR BIN ICH DANKBAR:

Standort:

Datum:

Wetter:

HEUTE ERLEBT:

HEUTE GESEHEN:

HEUTE GEGESSEN:

HEUTE GELERNT:

Zeichne, was Du gesehen hast:

SO WAR MEIN TAG: 😆 😃 🙂 😕 😣

LIEBLINGSERINNERUNG HEUTE:

DAFÜR BIN ICH DANKBAR:

Standort:

DATUM:

WETTER:

HEUTE ERLEBT:

HEUTE GESEHEN:

HEUTE GEGESSEN:

HEUTE GELERNT:

Zeichne, was Du gesehen hast:

SO WAR MEIN TAG: 😆 😃 🙂 😐 😣

LIEBLINGSERINNERUNG HEUTE:

DAFÜR BIN ICH DANKBAR:

Standort: _____

Datum: _____

Wetter: ☀️ ⛅ ☁️ 🌧️

HEUTE ERLEBT: _____

HEUTE GESEHEN: _____

HEUTE GEGESSEN: _____

HEUTE GELERNT: _____

Zeichne, was Du gesehen hast:

SO WAR MEIN TAG:

LIEBLINGSERINNERUNG HEUTE:

DAFÜR BIN ICH DANKBAR:

Standort: _____

Datum: _____

Wetter: ☀️ ⛅ ☁️ 🌧️

HEUTE ERLEBT: _____

HEUTE GESEHEN: _____

HEUTE GEGESSEN: _____

HEUTE GELERNT: _____

Zeichne, was Du gesehen hast:

SO WAR MEIN TAG: 😆 😃 🙂 😐 😣

LIEBLINGSERINNERUNG HEUTE:

DAFÜR BIN ICH DANKBAR:

Standort:

Datum:

Wetter:

HEUTE ERLEBT:

HEUTE GESEHEN:

HEUTE GEGESSEN:

HEUTE GELERNT:

Zeichne, was Du gesehen hast:

SO WAR MEIN TAG: 😵 😊 🙂 😐 😣

LIEBLINGSERINNERUNG HEUTE:

DAFÜR BIN ICH DANKBAR:

Standort: _____

N
W — E
S _____

DATUM: _____

WETTER:
☀️ ⛅ ☁️ 🌧️

HEUTE ERLEBT: _____

HEUTE GESEHEN: _____

HEUTE GEGESSEN: _____

HEUTE GELERNT: _____

Zeichne, was Du gesehen hast:

SO WAR MEIN TAG: 😵 😃 🙂 😕 😣

LIEBLINGSERINNERUNG HEUTE:

DAFÜR BIN ICH DANKBAR:

Standort: _____ DATUM: _____

WETTER:

HEUTE ERLEBT: _____

HEUTE GESEHEN: _____

HEUTE GEGESSEN: _____

HEUTE GELERNT: _____

Zeichne, was Du gesehen hast:

SO WAR MEIN TAG:

LIEBLINGSERINNERUNG HEUTE:

DAFÜR BIN ICH DANKBAR:

COVER CLIPARTS: LEMONADE PIXEL
COPYRIGHT @ STYLESYNDIKAT
ALL RIGHTS RESERVED.

Printed in Poland
by Amazon Fulfillment
Poland Sp. z o.o., Wrocław